Traversée
de l'Afrique équatoriale

DE L'EMBOUCHURE DU ZAMBÈZE (OCÉAN INDIEN)
A CELLE DU CONGO (OCÉAN ATLANTIQUE) PAR LES GRANDS LACS
(1894-1897)

Mission de M. le Ministre de l'Instruction publique

Par M. ÉDOUARD FOA

ROUEN

IMPRIMERIE E. CAGNIARD (Léon GY, successeur)

Rues Jeanne-Darc, 88, et des Basnage, 5

—

1898

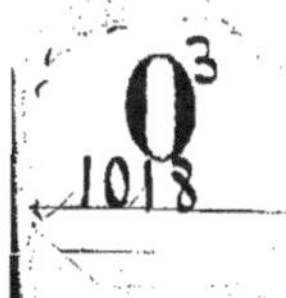

Extrait du Bulletin de la Société normande de Géographie

(3e Cahier de 1898)

Traversée
de l'Afrique équatoriale

DE L'EMBOUCHURE DU ZAMBÈZE (OCÉAN INDIEN)

A CELLE DU CONGO (OCÉAN ATLANTIQUE) PAR LES GRANDS LACS

(1894-1897)

Mission de M. le Ministre de l'Instruction publique

Par M. Édouard FOA

ROUEN

IMPRIMERIE E. CAGNIARD (Léon GY, successeur)

Rues Jeanne-Darc, 88, et des Basnage, 5

—

1898

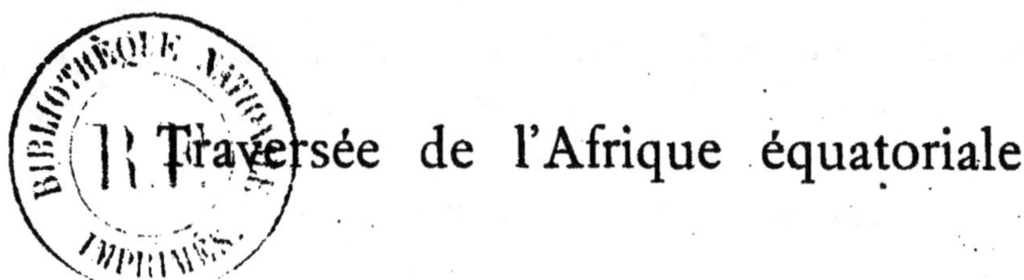

Traversée de l'Afrique équatoriale

TRAVERSÉE DE L'AFRIQUE ÉQUATORIALE

DE L'EMBOUCHURE DU ZAMBÈZE (OCÉAN INDIEN) A CELLE DU CONGO (OCÉAN ATLANTIQUE)
PAR LES GRANDS LACS (1894-1897)

Mission de M. le Ministre de l'Instruction publique

Par M. ÉDOUARD FOA

ALLOCUTION DU PRÉSIDENT

MESDAMES, MESSIEURS,

M. Édouard Foa est un de ces explorateurs hardis qui veulent sortir des chemins battus, que les aventures héroïques et l'inconnu séduisent, et qui partent dominés par une idée à laquelle ils soumettent une volonté de fer.

Point n'est donné à tout le monde d'affronter de pareilles épreuves. Il faut d'abord une préparation savante du corps et de l'esprit, par laquelle M. Foa sut s'entraîner en se familiarisant avec la terre d'Afrique, ses dangers, ses désolantes solitudes, en même temps qu'il se perfectionnait dans l'étude de la langue arabe et des divers idiomes qui en dérivent.

Après plusieurs expéditions, aux pays qui bordent la côte du golfe de Guinée et dans les régions du Sud relevant de l'influence anglaise, expéditions qui nous valurent la publication de trois ouvrages : *Le Dahomey* ; les *grandes chasses de l'Afrique centrale; du Cap au lac Nyassa*, travail couronné par l'Académie française, M. Foa revint décidé à tenter un dernier effort sur ce continent noir qui l'attirait, le fascinait, où les conventions de nos vieilles Sociétés n'existent pas, où l'homme se trouve à chaque instant en face de l'infini, l'ἀνάγκη antique, de l'imprévu, contre lequel il n'a pour lutter que son énergie, son endurance, sa foi en son œuvre, au milieu de peuplades craintives vis-à-vis du fort, mais aussi féroces, cruelles, brutales, pour lesquelles la vie est sans importance, et le respect ne repose que sur la valeur de l'arme perfectionnée que l'on aperçoit dans votre main.

Malheur à celui que la fièvre terrasse, et dont cette main affaiblie laisse échapper le fusil. Il y a là des moments d'angoisse terrible, de cruelle incertitude, par lesquels a passé M. Foa quand il eut été abandonné successivement par les deux compatriotes qui l'accompagnaient au départ.

Sa robuste constitution, sa détermination et son expérience triomphèrent de toutes les difficultés, et, parti de Quinde à la côte de Mozambique, il arrivait au bout de trois ans en vue de l'Atlantique, ayant traversé de l'Est à l'Ouest cette immense étendue de l'Afrique, et réalisant ainsi toutes ses prévisions.

Tel était son programme; M. Foa va nous dire comment il l'a rempli.

MESDAMES, MESSIEURS,

Je quittai la France en juillet 1894 chargé, par M. le Ministre de l'Instruction publique, d'une mission scientifique ayant pour but l'étude de l'histoire naturelle et de l'ethnographie de la région des Grands-Lacs au centre de l'Afrique équatoriale. En plus de cette mission, je comptais poursuivre l'exploration de plusieurs territoires nouveaux avec l'espoir d'y faire des chasses plus intéressantes encore que celles que j'avais déjà faites dans ces régions.

Je dois dire, tout d'abord, que c'est le mobile qui me pousse à parcourir le monde ainsi et à chercher des régions peu connues. Il y a des voyageurs qu'entraîne la passion des collections de botanique, d'autres le plaisir de voir du pays, d'autres, enfin, ne voyagent que pour l'agrément très vif de pénétrer, avant les autres, dans des contrées nouvelles. Quant à moi, ce qui m'excite à marcher et à voyager, c'est ma passion exagérée pour la chasse, non pour la chasse calme et préparée de nos pays d'Europe, mais pour l'amour de l'imprévu, l'espoir de rencontres, quelquefois dangereuses et inattendues, toujours émotionnantes, avec les grands fauves, la perspective de ces combats singuliers où chacun des adversaires dispute à l'autre son existence et sa peau. Voilà pourquoi j'ai, en 1891, traversé toute l'Afrique australe, accomplissant un itinéraire considérable, toujours à la recherche des grands animaux, et pourquoi je suis ce soir devant vous tout prêt à vous donner un résumé de mon dernier voyage, dont ma passion cynégétique, plutôt que ma valeur personnelle, a fait un des plus importants voyages modernes.

Le temps dont je dispose étant très court et le trajet étant d'une étendue considérable, il me sera difficile de m'arrêter longuement sur des détails; de plus, les pays parcourus sont si nombreux et si divers, les peuplades si variées et si différentes, que je serai forcément obligé de faire un choix et de ne parler que des traits les plus marquants. Je me consacrerai donc, ce soir, plus particulièrement à la partie du voyage qui comprend des découvertes géographiques; elles sont assez considérables pour nous occuper entièrement, et je vais avoir l'incomparable plaisir de vous en entretenir uniquement, pendant cette soirée, vous signalant les endroits encore blancs sur les cartes, où j'ai eu la bonne chance de pénétrer le premier, et ne faisant que mentionner, pour l'intelligence des principales lignes du voyage, les régions déjà parcourues par moi ou explorées par d'autres. Avec les pays nouveaux nous verrons les peuplades nouvelles. Vous ne vous étonnerez pas si, de temps en temps, je me laisse aller à vous conter quelques chasses.

L'expédition se composait, au départ, de M. de Borely, M. Bertrand et moi. M. de Borely tenait le journal et s'occupait des détails de l'expédition; M. Bertrand m'aidait dans mes observations et, dans mes chasses, comme naturaliste-préparateur, il m'a rendu des services importants. Le personnel noir, que je vous présenterai tout à l'heure, se composait, outre nos domestiques, cuisiniers, capitans ou chefs de caravane, et de chasseurs, d'un nombre de porteurs variant, selon le moment, entre 75 et 380 hommes. Je reviendrai sur ces détails en passant.

Nous avons débarqué à l'embouchure du Zambèze, à Tchinde, en août 1894. Nous avons remonté le Bas Zambèze et une partie du Chiré en embarcation et en pirogue et avons établi un camp volant, à Tchiromo, en septembre 1894. C'est là qu'est le point de départ du voyage à pied.

Il est bon que je dise un mot sur la façon de voyager à pied dans ces régions. Vous savez déjà que dans ces contrées il n'y a pas de bêtes de somme et que les animaux domestiques ne peuvent s'y acclimater à cause d'une mouche, la tsétsé, dont la piqûre empoisonnée les tue à bref délai. Fort heureusement, si elle tue les animaux domestiques, la tsétsé n'est pas nuisible à l'homme, sans cela l'Afrique centrale serait encore aujourd'hui à l'état de contrée inconnue. La piqûre de la mouche est simplement gênante pour les gens et produit sur eux l'effet d'une grosse piqûre de moustique.

Comme il n'y a pas de bêtes de somme, on emploie l'indigène comme porteur. On divise ses ustensiles de ménage, lits, tentes, provisions, etc., en colis égaux d'une vingtaine de kilos, et les hommes portent ces charges, paquets, caisses, boîtes de toutes sortes, sur la tête. Qu'il y ait de petits sentiers indigènes à travers la brousse ou qu'il n'y en ait pas, on s'en va les uns derrière les autres à la file indienne. En tête, marche généralement un capitan ou chef de caravane, ou le guide, s'il y en a un ; les autres chefs vers le milieu ou derrière, surveillant les porteurs, poussant les retardataires ; les cuisiniers, domestiques, exempts de charges, portent des fusils ou des petits objets, et les Européens suivent ou précèdent la caravane le bâton à la main. On fait ainsi une moyenne de 15 à 20 kilomètres par jour, selon les endroits où l'on campe, quelquefois davantage, tout dépend de l'endroit où l'on trouve de l'eau. C'est la distance, entre deux ruisseaux, rivières ou mares, qui décide de la longueur de l'étape. Voilà, en général, la manière dont se font les marches. Les porteurs et les pays changent, mais on continue à s'en aller ainsi pendant des semaines, des mois, pendant des années, car le voyage que je viens d'accomplir a été, sauf la descente du Congo, fait entièrement à pied, c'est-à-dire que j'ai parcouru ainsi plus maintenant de six mille kilomètres.

Cela, comme vous le voyez, est très fatigant, et la santé et la persévérance sont indispensables à de pareilles entreprises. Je vous prierai maintenant de suivre la caravane dans ses pérégrinations.

Comme nous n'avons fait, en 1894, que traverser des régions que j'avais déjà explorées, c'est-à-dire le pays des Maganjas, de Makanga, d'Oundi et de Matchinga, nous passerons brièvement dessus pour arriver au voyage nouveau.

En 1895, nous faisons la reconnaissance du massif montagneux du Haut Kapotché et nous suivons le cours de cette rivière, que nous plaçons sur la carte ainsi que le Haut Tchiritsé et le Haut Mavoudzi, tous affluents et sous-affluents du Zambèze. Nous entrons dans le pays des Singas, montagnards assez farouches et peu civilisés. Leurs villages sont perchés sur les hauteurs, perdus dans les infractuosités granitiques. On nous donne, dans l'un d'eux, une hospitalité douteuse. Les Singas nous montrent des dents, taillées en scie, dans un sourire plus ou moins hypocrite, et, la nuit de notre arrivée, tous les villages décampent emportant dans des cachettes, inconnues des étrangers, leurs volailles, leurs chèvres et leurs provisions. Cet accueil nous fait aller chercher fortune ailleurs, et à travers un pays enchanteur, une région aussi accidentée et pittoresque que les Alpes et les Pyrénées, nous gagnons l'Aroangoua, trajet long et fatiguant à cause de la difficulté du pays, mais riche en souvenirs, digne du pinceau d'un peintre. Peu de gibier pendant ce parcours, sauf quelques traces de rhinocéros; d'ailleurs, saison peu propice à la chasse, car les herbes sont hautes et les pluies abondantes.

L'embouchure de l'Aroangoua se trouve un peu au-dessus de Zoumbo, ancienne ville portugaise, où le commerce est aujourd'hui mort et où ne se voient plus que quelques ruines, derniers vestiges d'une occupation passée. De Zoumbo, nous revenons sur nos pas pour visiter les diverses cataractes du Zambèze, entre Kachombo et Massinangoué. La partie nouvelle de ce voyage est la reconnaissance, faite pour la première fois par terre, de la rive gauche du Zambèze, encore un pays de hautes montagnes, hérissé de pics, de mamelons et de dentelures, aux cols difficiles, aux sentiers sinueux et pénibles. Mais, je passe vite, car nous avons encore bien du chemin à faire, après vous avoir toutefois montré quelques *vues* et types de ce voyage.

Nous disons maintenant adieu au grand et majestueux Zambèze, car nous ne devons plus le revoir, et nous continuons notre chemin vers le nord-ouest. Je vous ai parlé tout à l'heure de l'embouchure de l'Aroangoua, un des affluents les plus importants du Zambèze et dont il sera question dans quelques années quand la civilisation et l'occupation européennes, toujours grandissantes, seront arrivées dans ces régions.

Ce grand fleuve, qui n'est que très peu connu, a été visité sur un de ses points à plusieurs reprises, mais la plus grande partie de son cours et notamment son origine était indiquée sur les cartes par pointillé. Je l'ai traversé plusieurs fois dans des régions différentes et visité l'endroit où il prend sa source. Les bords de l'Aroangoua sont aussi variés que possible et très intéressants au point de vue pittoresque et chasseur; il est aussi difficile de les décrire en détail que si je tentais de vous donner la description des bords du Rhône ou du Rhin qui, sur leur immense parcours, traversent des pays de tous aspects. Je vous montrerai tout à l'heure quelques vues du pays qui seront les meilleures des définitions.

Les bords de l'Aroangoua, du moins aux points où je l'ai visité, ne sont pas très peuplés: il y a de loin en loin quelques villages indigènes. Les gens du pays sont ennemis avec les Barotsés et, en général, toutes les peuplades qui sont de la rive opposée, c'est-à-dire la rive droite ou occidentale du fleuve. Il y a dans l'Aroangoua des endroits fort poissonneux et nous y avons fait des pêches remarquables. Mon système de pêche est peut-être contraire aux lois civilisées, mais c'est une chose de se trouver sur la Seine, au pont des Arts, et c'en est une autre de se voir sur les bords de l'Aroangoua, sans pont du tout; aussi, y a-t-il des licences en compensation. Je choisis, en général, un endroit poissonneux sans trop de courant et, après avoir préalablement amorcé avec du son, de la pâtée ou des résidus de viande hachée, je jette une cartouche de dynamite au beau milieu. Les résultats diffèrent, mais j'ai tué une fois, dans cette même Aroangoua, 103 gros poissons d'un seul coup; c'étaient des mormyres d'un poids variant entre un et quatre kilos. Quand on a une expédition de 300 hommes à nourrir on ne se plaint pas de ces aubaines. La dynamite étourdit et tue les poissons, et ils remontent à la surface; il faut se hâter de les prendre, car ils redescendent bientôt au fond. Dans les pêches de ce genre, la cartouche n'avait pas plus tôt fait explosion que j'avais 50 hommes qui se jetaient à l'eau, quelquefois pour ne trouver que quelques goujons.

La chasse a été très fructueuse sur les bords de l'Aroangoua; les éléphants s'y sont montrés quelquefois et la viande n'a pas manqué au camp.

Nous avons bientôt laissé derrière nous ce beau fleuve et, nous engageant dans cette région à l'ouest qu'on appelle le pays des Barotsés, nous avons continué à petites journées notre chemin. Mon intention était, à cette époque, d'atteindre le lac Bangouéolo. C'est près de là, à Tchitambo, qu'est mort le pauvre Livingstone, épuisé par la maladie et les fatigues et après des derniers moments vraiment poignants. C'est à Tchitambo, dans le fond d'une petite case, que ses serviteurs le trouvèrent agenouillé contre son vieux lit de camp, mort déjà depuis plusieurs heures. On comprend que, déjà fort malade, il ait été achevé par son séjour dans cette région, car à un certain moment de l'année c'est un immense marécage. C'est en cet état que nous avons trouvé le pays, et malgré toute notre bonne volonté (c'était la saison des pluies de 1895) il nous a été impossible de continuer. On marchait jour et nuit dans un terrain presque continuellement vaseux et gras où l'on enfonçait jusqu'à la cheville, quelquefois jusqu'à mi-jambe et, malgré tous les éléphants qui nous y tenaient compagnie et dont je recherchais la société le plus possible, j'ai dû renoncer à atteindre le lac Bangouéolo.

Nous avons néanmoins fait dans le pays une boucle importante et le voyage peut être considéré comme atteignant ce lac, car ses bords ne se trouvaient qu'à trois ou quatre jours de marche vers le nord et, vu la pente de plus en plus sensible du terrrain dans cette direction et le marécage devenant de plus en plus mouillé, il est évident que nous aurions achevé le voyage en pirogue. La santé de mes camarades n'était déjà pas, à cette époque, des plus brillantes, et la mienne laissait à désirer, comme toutes les années à la saison des pluies. J'ai néanmoins fait, pendant les quelques semaines que je suis resté dans cette région, des chasses remarquables, en même temps qu'un itinéraire absolument nouveau.

La chasse à l'éléphant est une des plus émouvantes et des plus dangereuses qui soit, et ceux de mes auditeurs qui ont bien voulu lire mon ouvrage sur mes grandes chasses dans l'Afrique centrale connaissent déjà mon opinion là-dessus et les péripéties que j'ai traversées. Ils connaissent aussi Msiambiri, ce compagnon fidèle de ces deux derniers voyages, chasseur expérimenté et fin, ainsi que ses camarades Tambarika, Rodzani, Tchigallo, Kambombé, ces vieux amis noirs qui m'ont suivi partout et toujours, partageant mes dangers et mes fatigues, mes plaisirs et mes peines. Nous en reparlerons encore, car comment ne pas joindre leurs noms à tous ces souvenirs que j'ai au cœur !

Eh bien, pendant le voyage que je viens de vous esquisser, ce voyage près du lac Bangouéolo, j'ai failli perdre Msiambiri à la suite d'une de ces chasses. J'avais déjà tué une dizaine d'éléphants dans le pays et nous avions été chargés plusieurs fois par quelques-uns de ces animaux en fureur, car il est rare que l'on s'attaque à eux sans danger, lorsqu'un jour nous réussissons à rejoindre et à approcher un troupeau d'une quinzaine d'éléphants où il y avait cinq ou six mâles portant de belles défenses. Comme toujours, en pareille circonstance, je choisis à l'avance l'éléphant sur lequel je devais tirer ; je me plaçai de façon à pouvoir encore tirer sur les autres si possible, après mes deux coups de feu ; tout cela, bien entendu, en quelques secondes et en moins de temps que je n'en mets à le dire. J'abats mon éléphant du coup droit et blesse mortellement celui du coup gauche ; je jette mon fusil, cours en avant avec une autre arme prête et blesse encore deux éléphants successivement ; le troupeau disparaît et les deux derniers éléphants blessés rentrent sous couvert, tandis que le numéro 2 s'affaisse au milieu de cris et d'un fracas de branches brisées ; le numéro 3 est trouvé mort dix minutes après, mais le numéro 4 est bien vivant. Nous l'avons à peine retrouvé et entrevu qu'il court sur nous à une vitesse effrayante brisant tout, ébranlant le sol, poussant des coups de trompette assourdissants. Nous étions tellement près de lui que nous prenions immédiatement le seul parti possible qui est de fuir, et nous voilà courant, filant avec Msiambiri devant l'éléphant en fureur. Nous faisons instinctivement ensemble quelques crochets pour tâcher de sortir du vent, mais l'animal était trop près de nous. Du coin de l'œil, tout en fuyant, je voyais derrière moi cette masse grise qui allait nous atteindre, je sentais même le souffle de sa trompe allongée derrière mes épaules; nous étions coude à coude avec Msiambiri et nous courions comme des fous, lorsque tout-à-coup je vois Msiambiri monter en l'air et ses jambes me passer à côté de la tête... L'éléphant venait de le saisir... J'ai continué à courir pendant une cinquantaine de mètres; mais, ne me sentant plus poursuivi, je m'arrêtai, me retournai, sans fusil, sans arme pour défendre mon serviteur. D'où j'étais je voyais encore l'éléphant, mais de dos cette fois; il s'est mis en marche au même moment, s'éloignant de moi, et j'ai couru à l'endroit où Msiambiri avait été pris, ne voulant pas penser à ce que j'allais trouver... un cadavre à peu près défiguré, piétiné, peut-être méconnaissable... Ma joie fut grande lorsque je vis se lever de derrière un buisson, tout couvert de bave, de sang et de feuilles, mais bien portant, Msiambiri. L'éléphant l'avait pris par la taille et jeté sous ses pieds avec tant de violence qu'il avait passé sous le ventre de l'animal et était allé tomber dans un buisson épais du côté opposé. Ce buisson lui sauva la vie. Il resta immobile, comme mort, et, grâce à cette immobilité, à son pagne sombre, et surtout au vent qui était en sa faveur, l'éléphant a dû le confondre avec les troncs d'arbres et les branches épars de tous côtés. L'animal l'avait cherché un instant et, ne le trouvant pas, avait tâté de la trompe tout autour de lui; puis, poussant des gémissements de douleur, car il était grièvement blessé, il était retourné dans le fourré où nous l'avions dérangé. Inutile de dire que nous avons ramassé nos fusils et qu'avec prudence nous avons recommencé l'attaque. J'ai enfin achevé la bête, mais j'avais bien cru un instant que je ne reverrais plus Msiambiri vivant et que cette journée de quatre éléphants, qui est une des plus belles que j'aie jamais faites, me coûterait la vie de mon vieux compagnon.

N'ayant pu atteindre le lac Bangouéolo, et le besoin se faisant sentir pour nous de revoir des régions plus hautes et plus saines, nous sommes revenus sur nos pas et avons voyagé dans le pays de Mpéséni et Moassi pendant quelques mois. C'est encore là une région peu explorée, sauf un itinéraire par M. Alfred Scharp, et un autre par MM. le docteur Moloney et le lieutenant Money. Notre itinéraire a d'ailleurs été entièrement nouveau et ne fait que croiser, celui de ces Messieurs, en un ou deux endroits.

Le pays de Mpéséni est coupé de montagnes, de collines et d'accidents de terrain dans la partie que nous avons visitée et d'une végétation très épaisse. Il est marécageux dans certains endroits ; c'est une contrée dépourvue de sentiers indigènes où les marches sont très pénibles et où l'on n'avance que lentement. La région dont il s'agit est située à l'ouest du lac Nyassa. Par sa conformation elle simule à peu près un dos d'âne dont un versant s'inclinerait vers le lac, y jetant de nombreuses rivières, et l'autre vers le lac Bangouéolo, fournissant à cette zone et au Zambèze un contingent hydrographique considérable. Les altitudes moyennes sont, aux endroits les plus élevés, de 1 500 à 1 800 mètres, et redescendent, au niveau du lac, à 5 ou 6 mètres au plus. Nous avons eu d'assez grandes difficultés pour engager nos porteurs et combler les vides qui se font continuellement dans une caravane. Ravagée autrefois par les trafiquants d'esclaves du lac Nyassa, la population y est assez clairsemée. Vous devez avoir remarqué que, jusqu'à présent, je ne vous ai pas beaucoup parlé des peuplades ; c'est d'abord parce que nous avons de préférence visité les régions peu habitées et surtout parce que les gens que j'y ai vus ne diffèrent en rien de ceux que je vous ai déjà décrits dans le Haut Zambèze et le pays de Maganja. En revanche, nous allons trouver tout à l'heure des peuplades très curieuses et un pays qui le sera moins.

Les gens de Mpéséni descendent sans aucun doute des anciens Zoulous et les chefs du pays en ont conservé le langage ou tout au moins un idiôme très approchant. Comme eux, ils font beaucoup d'élevage de bestiaux et sont armés du bouclier et de la sagaie.

Mpéséni est un chef très puissant et dont l'influence se fait sentir fort loin dans le pays. Nous n'avons pas visité son lieu de résidence et n'avons rencontré, en deux occasions, qu'un de ses ministres ou indounas. D'abord en 1892, lors de mon avant-dernier voyage, le fameux Samba-Mropa, mort depuis, je crois, et en décembre 1896 le vieux Kaniama nous a apporté, comme Samba-Mropa, l'invitation que nous faisait Mpéséni de venir chez lui. Nous l'avons renvoyé avec quelques cadeaux en disant que nous ne pouvions faire le grand détour que demandait le voyage. En effet, quand cette invitation nous parvint la première fois, nous étions chez Tchikoussi, pays des Angonis, et la seconde fois, nous nous trouvions sur la limite nord du territoire de Mpéséni, chez son voisin Moassi. Ce dernier a, je crois, disparu depuis, battu et chassé par l'Administration anglaise du

Nyassaland. Moassi était moitié Arabe noir et mahométan, moitié Asséoué. C'était un individu auquel il était difficile de se fier ; il avait subi l'influence des chefs arabes du lac Nyassa et adopté leurs manières hypocrites. D'ailleurs ces parages sont par excellence ceux de la méfiance : villages fortifiés entourés de palissades épaisses avec des portes qu'on barricade le soir, gens qui se regardent partout de travers, chefs qui se convoitent mutuellement leurs territoires et se volent chaque fois qu'ils en ont l'occasion. Les gens de Mpéséni sont les fameux Mafitis dont j'ai tant parlé déjà, ceux qui se battaient continuellement avec les Azimbas de la Maravie et que j'ai trouvés aux mains le jour de notre arrivée à Oundi, en 1891 ; ce sont des Angonis, race qui peuple tout l'ouest du lac Nyassa. Les gens de Moassi sont les Asséoués qui diffèrent peu des premiers, sauf dans le costume des femmes que je vous montrerai tout à l'heure. Les industries du pays n'y sont pas plus avancées que celles des gens du Haut Zambèze ; on y tisse un coton indigène en une étoffe grossière et, comme chez les Azimbas, on y fond partout du fer. Le sol est excessivement riche à ce point de vue. Comme composition générale, le granit ferrugineux, les conglomérats, le grès et le sable forment la majorité ; les schistes, le quartz blanc, les silicates se rencontrent aussi en grande quantité. Le pays est, comme je l'ai dit plus haut, excessivement accidenté en certains endroits et couvert d'une forêt basse ou de végétation épaisse.

A part les éléphants et quelques rhinocéros, le petit gibier n'y est pas aussi commun qu'on pourrait s'y attendre. Cela tient, je crois, à une épizootie qui a sévi il y a quelques années dans ces régions et a détruit une quantité considérable d'animaux sauvages. J'ai trouvé dans quelques endroits de véritables ossuaires datant de huit ou dix ans, où des centaines de buffles et d'antilopes sont morts presqu'au même endroit. J'ai tué quelques rhinocéros chez Mpéséni et chez Tchikoussi pendant la saison des pluies de 1896.

Le rhinocéros est un animal assez farouche qui charge le chasseur dès qu'il le sent ; il est néanmoins moins dangereux que l'éléphant, attendu qu'il vous donne généralement le temps de sortir du vent. Je ne conseillerai néanmoins à personne de chercher à le caresser sur la tête... autrement qu'avec une carabine.

L'Aroangoua nous a fourni également quelques beaux spécimens d'hippopotames et plusieurs lions.

Nous reprenons notre voyage, en passant rapidement sur ce qui est déjà connu, pour continuer à ne décrire que les parties nouvelles. En 1896-1897, nous faisons la navigation du lac Nyassa sur une petite canonnière, *Le Pionneer*, mise obligeamment à notre disposition par M. Alfred Scharp, commissaire de Sa Majesté britannique au Nyassaland. J'ai fait, pendant ce voyage, des observations astronomiques sur les principaux points du lac avec le capitaine Rhoads de la canonnière, et ces observations auront pour résultat de modifier assez sensiblement la carte du lac. Le lac Nyassa a absolument l'aspect d'une mer et généralement d'une mer houleuse. Tout autour sont de hautes montagnes qui ajoutent encore à l'illusion ; la couleur des eaux est la même, les vagues brisent sur les rochers comme l'océan et le milieu du lac a des profondeurs insondables. Pour donner une idée de son étendue je dirai que le lac Nyassa a plus de 3oo milles de long sur 6o de large, c'est-à-dire 5oo kilomètres sur 9o, à peu près la moitié de la longueur de la France sur 9o kilomètres de large. Vous voyez que des escadres pourraient y évoluer et s'y perdre. D'ailleurs, en certains points, vers le milieu du lac, on voit à peine l'horizon. Nous avons eu du gros temps pendant tout le voyage, 9 jours environ. Je n'insisterai pas sur l'état dans lequel la traversée a mis les indigènes de l'expédition ; sur le bateau de Calais à Douvres, vous voyez tous les jours de ces gens pour lesquels l'existence est devenue un lourd fardeau et qui se tiennent près du bastingage pour... contempler les petits poissons... et les nourrir.

Mes hommes déclaraient que jamais de leur vie ils ne remettraient les pieds sur un bateau et j'ai eu, à plusieurs reprises, toutes les peines du monde à les faire rembarquer lorsqu'ils étaient à terre ; je crois n'y avoir réussi que parce qu'ils avaient encore plus peur de rester en pays étranger que de revenir à bord de l'instable canonnière.

Mais nous débarquons à Karonga, au nord du lac Nyassa, et nous commençons l'ascension du plateau Nyassa-Tanganyika qui est très pénible pour les porteurs. Si l'on songe, en effet, que dans l'espace de trois jours nous avons à passer d'un niveau de 5oo mètres à celui de 1 6oo à 1 7oo mètres, on comprendra que ce n'est qu'une montée ininterrompue ; les sentiers, en certains endroits, sont tout ce qu'il y a de plus difficile et les hommes trébuchent à chaque instant sur les pierres roulantes. Enfin, le quatrième jour au matin, nous voyons devant nous, non plus des montagnes sans fin, mais l'horizon découvert à perte de vue avec un rideau de montagnes bleuâtres sur notre droite et sur notre gauche, et une étendue immense et ondulée de forêts basses : c'est le plateau de Niassa-Tan-ganyika.

Comme il y a là une vieille route de caravanes qui suit tout le plateau, nous la quittons dans notre amour pour l'inconnu et nous nous enfonçons dans la région qui est à l'ouest, le pays des Aouembas. J'arrive ici à l'une des parties les plus importantes de ce long voyage que je vais essayer de vous décrire de mon mieux, car au point de vue géographique je crois qu'elle a une grande importance. Avant de commencer, je dois dire que notre cama-rade, M. de Borely, fatigué par les fièvres, épuisé par les fatigues du voyage, nous a quitté au lac Nyassa pour rentrer en Europe par le Chiré et le Zambèze; je dois ajouter qu'il s'est heureusement remis peu après son arrivée en Europe.

La caravane est toujours celle que vous connaissez : les porteurs, qui sont maintenant au nombre d'environ 200, les capitans, qui se sont augmen-tés d'une recrue, un Zanzibarite, nommé Souédi, que nous avons surnommé l'homme-canon parce qu'il porte mon gros fusil à éléphant; mes chasseurs restés à trois (deux sont rentrés avec M. de Borely), M. Bertrand et moi.

Dès que nous quittons le plateau un petit détour nous conduit au mont Matinga derrière lequel l'Aroangoua prend sa source. Nous allons reconnaître la localité et la source du grand fleuve qui n'est là encore qu'une petite rivière encadrée dans des rochers, coulant une eau limpide et fraîche avec quelques cascades et quelques petits barrages en miniature. Cela est délicieux, l'endroit est charmant; mais, ce qui l'est encore plus, c'est le petit campement qui est établi sur ses bords; ce sont les premiers pionniers blancs qui foulent le sol de la région. Les indigènes viennent nous contem-pler; ils semblent à la fois étonnés et gênés de cette intrusion. Quelques jours après nous entrons dans le pays des Aouembas, appelé l'Oubemba. Nous descendons peu à peu du plateau et, à 1 200 mètres, nous rencon-trons beaucoup d'endroits marécageux. M. Bertrand passe par le plateau avec une partie de l'expédition, avec mission de noter les cours d'eau avec soin; moi, je continue mon chemin vers l'ouest, descendant toujours de plus en plus au milieu d'un véritable réseau de petites rivières. Le gibier y est en grande quantité; je suis bientôt forcé de m'arrêter car les indigènes me barrent le passage. Le chef Mouamba, au village de Ngouéna, sur le Kaloun-gou, une rivière voisine, m'envoie une députation pour me deman-der ce que je veux. J'explique que je ne veux pas rester dans le pays mais que je cherche des animaux, que je vais au Tanganyika et que je lui ferai un cadeau s'il me donne passage, renseignements et guide pour me conduire aux endroits giboyeux. Après trois ou quatre jours d'attente que je mets à profit en chassant, le chef accepte et m'envoie son représentant Mpanda accompagné de deux guides et dix-huit hommes *seulement* pour porter les cadeaux. Je donne une charge de diverses choses que l'envoyé refuse; on passe deux jours en palabres sans fin, ayant comme interprète l'homme-canon qui connaît tous les idiômes du plateau et à qui je m'adresse en Souahili ou langue de Zanzibar. Rien n'y fait. Je ferai grâce des discussions interminables que nous avons eues. Enfin, je fais comprendre que je viens de très loin et que ces hommes portent de quoi payer des porteurs et de la nourriture pendant un nombre incalculable de lunes et d'années encore. L'ambassadeur paraît indécis; tout-à-coup il s'écrie : au moins tu nous donneras de la viande ! — Oh ! ça, j'en réponds, je le promets, tu auras une jambe de derrière par animal tué... Et, pour montrer que je tiens mes promesses, je vais te donner un buffle tout entier... Et, suivi par mon chef, ses guides et les dix-huit porteurs, je les mène à l'endroit où j'avais tué l'animal, à deux kilomètres environ du campement.

Ah ! Messieurs, j'avais vu des sauvages dans l'acception du mot, des gens, se jetant sur des animaux, s'en disputer les morceaux, mais jamais je n'ai rien vu de pareil. Dès que les Aouembas virent le buffle, le chef et ses hommes devinrent absolument fous; ils se ruèrent sur l'animal avec leurs couteaux, leurs lances, leurs sagaies, frappant, coupant, cherchant à arracher plutôt qu'ils ne coupaient, criant, vociférant. Au bout de quelques minutes, l'animal n'était plus qu'une masse sanguinolente et informe d'intestins et de peau, de chair et d'os, autour de laquelle ces vingt hommes se débattaient à qui en aurait le plus. Couverts de sang, aphones à force de crier, ils paraissaient ivres; deux d'entre eux furent blessés involontairement aux mains et aux bras par les couteaux des autres; ils se poussaient, s'arrachaient les morceaux, se regardaient d'un air encore plus féroce avec leurs faces éclaboussées de sang et leurs yeux hors de la tête. Nous nous roulions; je n'avais jamais tant ri de la vie; l'homme-canon se pâmait. J'avoue que je n'ai pas regretté mon buffle.

Une fois les indigènes gagnés à ma cause je continuai mon voyage sans incident. Tous les villages Aouembas sont fortifiés, c'est-à-dire entourés de palissades; on ne nous donnait pas accès dans tous, mais on nous vendait des vivres. De mon côté, je préfère de beaucoup voir des lions autour de mon camp que des hommes ennemis, et il n'était guère prudent de se laisser enfermer dans un village palissadé, avec des portes soigneusement fermées, au milieu de gens évidemment hostiles. Comme on va le voir plus loin, il est bon d'être défiant lorsqu'on voyage ainsi au milieu des peuples inconnus, et, si nous n'avons pas eu de sang versé, c'est grâce à notre capitan, l'homme-canon. Mais je n'anticipe pas sur les évènements qui vont suivre en temps et lieu.

Ce voyage dans l'Oubemba est peut-être celui qui sera pour la science le plus fructueux de cette longue traversée. Quelques jours après mon entente avec les indigènes je rencontrai une rivière, la Tchozi, puis une autre, la Tchambédzi qui reçoit la première. Ces deux rivières ont toujours été, jusqu'à présent, indiquées par des pointillés, comme d'ailleurs toute cette région, et nous en avons relevé le cours et fait l'hydrographie. Elles n'auraient pas autrement d'importance, comme découverte géographique, si leur rôle s'arrêtait là ; mais c'est que la Tchambédzi se jette dans le lac Bangouéolo et en ressort sous le nom de Louapoula, je dis en ressort, car le Bangouéolo n'est alimenté que par cette rivière et que l'altitude de la Tchambédzi supérieure est de 1 000 mètres en moyenne, tandis que le Haut Louapoula n'est que de 750 mètres ; donc il y a pente, par conséquent, cours d'eau vers le nord. Le Louapoula, Mesdames et Messieurs, c'est le Congo, cet immense fleuve de l'Afrique occidentale et la Tchambédzi c'est sa source... L'idée que les sources du Congo se trouvaient dans ces parages n'est pas de moi, mais j'ai eu l'honneur, à la tête d'une expédition française, de les voir, de les reconnaître, et de les porter le premier sur les cartes, et le résultat de ce voyage a été de jeter sur cette région, aux lieu et place d'un pointillé vague, un véritable réseau de rivières et de petits cours d'eau qui constituent les sources du Congo. Nous dirons, avant de quitter la région, quelques mots des indigènes.

Les Aouembas ont été pendant longtemps les maîtres incontestés d'un pays immense ; ils ont battu tous leurs voisins et conquis graduellement tous les territoires qui s'étendent depuis le sud-ouest du Tanganyika jusqu'au lac Bangouéolo. Les Arabes du Tanganyika les ont fait reculer et abandonner certaines régions, mais, il y a quelques années à peine, les Aouembas étaient la terreur de toutes les populations du plateau ; ils ne cultivaient même pas la terre et fondaient sur leurs voisins au moment des récoltes pour prendre ce dont ils avaient besoin, appelant les villages Asséoués, Mamboués ou Anyikas, leurs greniers à vivres. Dans leurs guerres continuelles ils capturaient beaucoup de prisonniers et les vendaient aux esclavagistes du lac Tanganyika, à l'époque où, sous l'influence de Roumaliza, le grand chef arabe, la traite florissait dans ces régions. En échange de ces esclaves les Aouembas recevaient de la poudre et des fusils, et aujourd'hui il n'y a pas un Aouemba qui ne soit armé. Quant à la traite, il s'en faut de beaucoup qu'elle ait disparu, mais elle a beaucoup diminué, il faut le constater. Tandis que pendant mon avant-dernier voyage j'avais rencontré des convois d'esclaves à chaque instant, je dois dire que cette fois je ne me suis trouvé nez à nez avec une caravane qu'en une seule circonstance, près du lac Bangouéolo. Mais chez les Aouembas, j'ai, en revanche, vu un grand nombre de gens mutilés; on n'aperçoit partout que des gens sans nez, sans oreilles, sans doigts, sans mains. Il est d'usage, chez les Aouembas, de mutiler ainsi les gens pour les punir de fautes diverses, adultère, vol, etc. Cet usage est très cruel et très répandu dans le pays. Les sacrifices humains, à la mort des chefs, sont en usage chez les Aouembas. Comme c'est un peuple guerrier et fier, les Anglais, dans la zone d'influence desquels se trouve leur territoire, devront employer la force le jour où ils voudront les soumettre, et il y aura une lutte longue et sanglante avant que les Aouembas soient domptés.

Au physique les Aouembas sont très beaux; les hommes, sans être très grands, sont bien faits, et les femmes, et surtout les enfants ont un visage éveillé, agréable et intelligent.

Les Pères blancs, de la Mission anti-esclavagiste du cardinal de Lavigerie, se sont établis tout récemment, dans l'Oubemba près de la Tchozi, à Kayambi, où je suis allé leur faire une visite. Les bons Pères, Français en majorité, m'ont reçu comme on reçoit un compatriote dans ces pays éloignés, et m'ont fait visiter leur nouvelle Mission. Ils venaient à peine de s'installer et étaient en train de construire une chapelle et une école. Je les crois peu en sûreté dans ce pays, du moins pour le moment, car les Aouembas n'ont jamais voulu encore d'Européens chez eux. Le lieutenant Giraud, qui a traversé il y a quelques années une partie de leur territoire, a eu de grosses difficultés avec eux, et moi, sans être inquiété, j'ai été épié, suivi et surveillé pendant tout mon voyage à travers l'Oubemba.

A l'est de la route que j'ai parcourue à travers le pays des Aouembas, c'est-à-dire sur l'arête du plateau Nyassa-Tanganyika, se trouvent quelques peuplades assez curieuses. Je n'en citerai que deux aujourd'hui : les Ouankondés et les Ouamambqués.

Les Ouankondés sont de grands éleveurs de bétail et habitent surtout l'extrémité nord du lac Nyassa; ils ne mangent que des bananes et du lait caillé; ils n'ont donc que des plantations de bananiers immenses et de beaux troupeaux. Leurs cases sont très bien faites, mais là s'arrête leur supériorité, car les Ouankondés sont des gens mous et apathiques au moral comme au physique; ils ne valent rien comme porteurs et il faut bien se garder de leur confier un fardeau, car ils n'auront ni la force ni l'énergie de le porter à destination.

A l'autre extrémité du plateau, c'est-à-dire au sud du lac Tanganyika, sont les Ouamamboués, qui n'ont aucun rapport avec les premiers et ne les connaissent même pas, car la longueur de l'espace compris entre les deux lacs n'est pas moindre de 240 milles ou 330 kilomètres. Entre ces deux peuplades principales, il y en a trois ou quatre autres, parlant des langues différentes. J'y ai fait une remarque assez curieuse : au fur et à mesure que l'on quitte le Nyassa et que l'on se dirige vers le nord, soit par l'Oubemba, soit par le plateau, l'ouverture des oreilles des femmes s'agrandit; ainsi, à Karonga, nord du lac Nyassa, elles se mettent dans les lobes un disque de la dimension d'une pièce de 50 centimes, dans l'Oubemba une pièce d'un franc, sur le haut plateau deux francs, et, lorsqu'on arrive au Tanganyika, ces dames ont de petites soucoupes à café qui leur pendent sur les épaules. Pour ajouter à leur beauté elles se font sauter d'un coup de hache les incisives inférieures du milieu et se liment les dents supérieures en scie; avec un trou ou deux dans le nez, et les oreilles dont je viens de parler, c'est d'un effet charmant.

Il est défendu aux femmes Ouankondés de porter du calicot, et aux femmes Ouamambés de manger des poules. Ces lois ont été faites par un sage, car ces dames ne peuvent se vêtir avec moins de 10 à 12 mètres de calicot, ce qui revient fort cher, et comme elles aiment les poules, il leur en faut au moins 3 par jour. Vous comprenez que si un Ouankondé ou un Ouamamboué a seulement six femmes à habiller et à nourrir de la sorte, c'est tout simplement la faillite.

Mais, me direz-vous, de quoi se nourrissent-elles et comment se couvrent-elles? Elles mangent du poisson de rivière ou du lac, frais, séché ou fumé, des herbes indigènes, des bananes ou du maïs, de la viande d'antilope, etc., et se couvrent les reins avec des pagnes faits en écorce battue et assouplie, ce qui fait que lorsqu'on donne du calicot aux hommes ils le gardent pour eux-mêmes et les femmes ne réclament pas.

Il y a encore, dans ces régions, des peuplades étranges : les Ouana-mouangas, qui ont, pour tout vêtement, de petites sonnettes aux chevilles et aux poignets; les Ouányikas, qui entrent dans leurs cases à reculons; les Ouatambas, qui se peignent moitié en rouge, moitié en jaune, comme certains costumes de carnaval. Mais l'espace me manque ici et je me dépêche d'arriver au lac Tanganyika où nous avons encore des choses intéressantes à dire.

Avez-vous vu quelquefois, sur les côtes de Bretagne, l'océan en fureur, déferlant sur les galets des plages, ou bien venant briser ses lames, au milieu d'une pluie d'écume, sur les récifs épars au pied des hautes falaises; n'y avez-vous pas remarqué de ces endroits déserts sans être humain, sans une barque en vue, où l'on se sent muet en admirant en silence ces scènes grandioses de la nature? Eh bien, telle eût été votre impression si vous étiez arrivé avec moi, subitement un matin, sur les bords du lac Tanganyika. Partout, à droite et à gauche, de hautes montagnes, souvent à pic, le pied baigné et battu par la houle; devant nous l'immensité, l'horizon couvert d'une légère buée, des mouettes, des goelands, quelques échassiers pêcheurs, des aigrettes; partout le calme, un grand calme, même dans la façon dont les lames viennent silencieusement se rouler à terre, semblables à des volutes de soie bleue, frangées d'argent, sous ce soleil éclatant d'Afrique qui peint les montagnes de teintes vives et les vagues de lueurs étincelantes.

Après des recherches et des pérégrinations assez longues sur les bords du lac, je m'arrangeai avec une mission anglaise, qui possède un minuscule vapeur, afin de me faire conduire à Tchitouta. Ce petit navire est le seul bâtiment européen qui existe sur le lac; il est très vieux et beaucoup trop petit pour supporter le gros temps. Arrivés à Tchitouta, nous faisons ensuite des arrangements avec des Arabes qui m'offraient un de ces boutres que l'on voit souvent dans la mer des Indes et sur les côtes malgaches et avec lesquels les Indiens et les Arabes font leur commerce. Il y en avait autrefois un grand nombre sur le Tanganyika, au temps où la traite florissait, et Dieu sait combien il s'en est perdu, dans les tempêtes, chargés d'ivoire ou d'esclaves.

Lors de mon arrivée dans le pays, il ne restait plus sur le lac que deux ou trois de ces boutres. Ce sont des embarcations massives, hautes de la poupe et basses de la proue, tenant fort bien la mer et mesurant 12 à 15 mètres de long; il y a une cale et un trou à l'arrière où l'on peut s'abriter tant bien que mal. Ces boutres peuvent porter environ huit tonnes et une quarantaine de passagers.

L'expédition s'y entasse et je ne garde avec moi qu'une trentaine d'hommes et trois de mes chasseurs. M. Bertrand, mon dernier compagnon, me quitte au lac Tanganyika; il est, lui aussi, malade et bien fatigué. Cette séparation nous cause une grosse peine à tous deux; c'est avec le plus vif regret que je vois s'éloigner ce compagnon si gai, si actif, ce vieil ami avec lequel j'avais déjà fait autrefois une partie de mon expédition sur la côte occidentale d'Afrique. Enfin, il faut se résigner. Je reste donc seul pour continuer le voyage. Si je tombe à mon tour personne ne sera plus là pour me secourir ni pour me soigner. Mais il faut que je continue, il faut que j'arrive, que j'achève ce gros effort, il faut que je surmonte encore, comme on va le voir, mille difficultés, que j'assume tout le travail et le souci désormais. La volonté et le courage ne me manqueront pas; je suis, moi aussi, bien fatigué, je souffre cruellement des fièvres..... Et puis, qu'importe une existence de plus ou de moins; n'ai-je pas risqué ma vie vingt fois déjà. Il s'agit cette fois du triomphe d'une idée; c'est la première expédition scientifique française à travers l'Afrique; j'ai confiance en ma bonne étoile et, refoulant au fond du cœur les peines, les regrets et la souffrance, je crie au pilote : en route !...

On hisse la voile qui nous emporte bientôt loin de la côte, et le voyage continue.

En quittant la rive sud du lac Tanganyika, j'étais encore indécis sur le chemin que j'allais suivre dans l'ouest; je comptais prendre des renseignements et décider ensuite, choisissant, si possible, un itinéraire nouveau ; je comptais d'abord visiter les principaux points du lac et compléter le travail de mes prédécesseurs, Stanley et Livingstone, par des observations astronomiques nombreuses; c'est d'abord ce que je fis. Vous verrez sur cette carte les principaux points que j'ai visités et je compte publier sous peu une carte hydrographique en cinq parties que j'ai dressée à la suite de ce voyage.

Je vous ai déjà décrit les rives du lac Tanganyika; l'aspect encore plus imposant que celui du lac Nyassa. Ce dernier éveille, en certains endroits, l'idée de la mer, mais la contemplation du lac Tanganyka donne absolument l'illusion de l'océan. Pour ajouter encore à cette illusion il existe, pendant une partie de l'année, une brume qui cache la côte opposée, si elle est assez rapprochée pour être visible, ce qui fait qu'on ne voit jamais qu'une ligne indécise à l'horizon donnant l'idée de l'infini. A l'époque de notre passage, c'est-à-dire en août, la brume était continuelle et nous n'avons jamais vu qu'une côte à la fois, selon que nous étions d'un côté ou de l'autre ; au nord, j'ai toujours eu un excellent horizon qui m'a servi à faire des observations au sextant à bord de notre boutre, tout comme on les fait en pleine mer à bord d'un navire. Le lac Tanganyika mesure plus de 500 milles de long, c'est-à-dire 800 kilomètres, sur 120 milles ou 180 kilomètres de large. Il est entouré de tous côtés par de hautes montagnes, surtout au nord dans l'Ouvira où commence cette énorme ramification qui comprend le Rouenzori, ce pic couvert de neiges éternelles que l'on aperçoit du lac Albert ; d'ailleurs, cette arête montagneuse, qui longe le lac Tanganyika, détermine parfaitement les bassins des trois mers. En effet, à l'est, tous les cours d'eau vont vers l'Océan indien ; vers le nord, ce sont les sources du Nil qui vont à la Méditerranée, et à l'ouest le Congo et les grands fleuves tributaires de l'océan Atlantique De plus, le plateau Nyassa-Tanganyika est un des points les plus élevés de l'Afrique centrale, étant en moyenne à 1 800 mètres ; et le blé, la pomme de terre et les légumes d'Europe y poussent très bien, l'Européen pourra s'y acclimater et y vivre. Il n'y a, pour le moment, que quelques missions protestantes et un ou deux agents anglais arrivés depuis peu. La température du plateau, qui est à 1 100 mètres au-dessus du lac, est assez froide, et nous avons été surpris, en y arrivant, par des altérations du thermomètre variant entre 7 degrés au-dessus de 0, le matin et le soir, et 28 à 32 degrés au milieu de la journée. Il faut ajouter que juin, juillet et août sont les mois les plus froids de l'année, pendant la nuit. Nous n'étions pas préparés à cette température et nous en avons assez souffert ; on ne parvenait pas à se réchauffer le soir autour des feux de bivouac.

En arrivant au nord du Tanganyika, après une traversée de vingt-cinq jours et des escales nombreuses sur la côte est et sur la côte ouest, mon intention était de débarquer et de gagner le Congo par l'Ouvira. Mais, à cette époque, il y avait eu, comme vous le savez, une révolte contre le baron Dhanis, sur le haut Congo, et le pays était parcouru par une horde de plusieurs milliers de révoltés bien approvisionnés d'armes et de munitions et ravageant la contrée pour trouver des vivres. Ils avaient massacré une quinzaine d'Européens, avaient avec eux des canons, et, si nous les avions rencontrés, nous n'étions pas en mesure de leur opposer la moindre résistance. Nous les retrouverons tout à l'heure.

Un des Arabes, établis au nord du Tanganyika, et sur lequel j'avais compté pour me procurer des porteurs et des renseignements, me déclara que personne ne voudrait traverser le pays en ce moment et que je ne devais pas compter sur lui. Je retournai à Oujiji, station de l'Afrique allemande, car la rive est du lac est comprise dans les possessions allemandes, la rive sud est aux Anglais et l'ouest à l'État indépendant du Congo. A Oujiji, le représentant du Gouvernement impérial ne put satisfaire à ma demande de porteurs et, à part cela, me fit un excellent accueil.

Il ne me restait donc plus qu'à tenter une autre route. C'est alors qu'en revenant sur mes pas, j'eus l'idée de marcher directement vers l'ouest en débarquant un peu au sud de la Loukouga, et d'aller rejoindre le Kassaï, un des grands affluents du Congo; en descendant le Kassaï je rejoignais le Congo près du Stanley-Pool.

Je tentai donc cette entreprise et, ayant débarqué à Temboué, j'engageai des indigènes dans les villages de l'Ouroua et commençai un voyage à travers une région encore blanche sur la carte. Nous avons eu des difficultés inouïes pour franchir le plateau montagneux de l'Oroua, les monts Mitoumbas. Les indigènes jetaient leurs fardeaux, renonçaient à me suivre dans ces gorges bordées de précipices où les pierres leur coupaient les pieds; vingt fois il fallut les exhorter, les encourager à continuer la route. Nous sommes ainsi arrivés aux sources de la Louizi, après un parcours très pénible d'environ 120 kilomètres. Le découragement des Baloubas (c'est le nom des habitants de l'Ouroua) fut à son comble lorsqu'en arrivant à la rivière Taunda nous fûmes informés que tout le pays était en révolte, et je viens d'apprendre, ces jours derniers, qu'une expédition belge y est allée et que le commandant Brasseur, qui en était le chef, a été tué.

Je n'avais qu'une vingtaine d'hommes armés et je ne pouvais songer à poursuivre mon chemin tout seul; mes porteurs menaçaient d'ailleurs de m'abandonner si je ne m'éloignais pas immédiatement du pays en révolte; on se battait à un jour de là. Il fallut prendre un parti, le temps pressait, je perdais des moments précieux, car la saison des pluies allait venir.

Je revins donc sur mes pas, évitant cette fois les massifs de Mitoumba et descendant insensiblement vers la vallée de la Loukouga.

Mais les Bagoyas (une des populations qui se battaient) apprirent également notre présence, et nous avions à peine quitté notre point d'arrêt que nous apprenions que nous étions poursuivis par cinq ou six cents indigènes armés qui en voulaient certainement à nos richesses. Nous fûmes prévenus fort heureusement par un Zanzibarite, ami de l'homme-canon, du danger que nous courions, et, comme nous avions plusieurs jours d'avance, nous n'avons pas arrêté jusqu'à ce que nous soyions hors de portée de nos poursuivants qui gagnaient visiblement du terrain sur nous. Grâce à un service de renseignements que nous avions établi, à l'aide d'indigènes laissés échelonnés en arrière, nous savions exactement où se trouvait l'ennemi, quoiqu'il fût encore à trois jours de distance.

Le service de renseignements se fait d'ailleurs en Afrique d'une façon merveilleuse pour peu qu'il y ait quelques villages. Ainsi, par exemple, sur le Congo, on sait par les indigènes qu'un vapeur monte le fleuve trois ou quatre jours à l'avance. Ils communiquent à l'aide du tambour et ont inventé une façon de se signaler qui remplace absolument notre télégraphe.

En arrivant dans le district de la rivière Nyomba nous étions au milieu d'une population neutre et trop dense pour que nos ennemis songeassent à nous y poursuivre et, descendant insensiblement, nous atteignîmes la vallée de Loukouga, à quatre jours de sa source, car, contrairement à de certaines opinions, elle prend bien sa source au Tanganyika et se jette dans le Congo. Le lac Tanganyika se déverse ainsi dans le Congo par la Loukouga et devient lui-même un des affluents du grand fleuve.

Ma tentative ayant, comme on vient de le voir, non seulement échoué, mais failli tourner fatalement contre moi, j'essayai de reprendre le Congo à travers le Manyéma. Il y avait à Mtova un petit poste de l'État indépendant du Congo commandé par un officier. J'allai voir ce dernier. Il m'engagea à renoncer à mon projet disant que le pays était en révolution, que le moment était mal choisi pour m'y aventurer et que j'étais presque sûr d'être massacré. Comme j'insistai et déclarai mon intention, cette fois absolue, de passer coûte que coûte, il me fit signer, pour mettre sa responsabilité à couvert, un écrit par lequel je déclarais qu'il avait fait tout ce qu'il avait pu, comme représentant de l'État indépendant du Congo, pour me dissuader de mon projet et que j'avais refusé de changer rien à mon plan. En effet, j'étais las de ces tentatives infructueuses et je ne voulais pas renoncer à l'idée de traverser ce pays; je ne voulais plus retourner en arrière; mes vivres et mes provisions ne devaient plus durer que trois ou quatre mois, il fallait donc prendre un parti. Les indigènes ne voulaient pas porter mes charges; j'allais encore une fois échouer lorsque j'eus le bonheur de tomber sur une troupe de Ouanyamouézis, qui habitent le côté opposé du lac et sont des gens auxquels la guerre ne faisait pas peur. L'expérience m'a également démontré que ce sont peut-être les meilleurs porteurs de l'Afrique. Enfin, après bien des pourparlers, des délais et des détails à régler, nous partons. Du sommet d'une colline nous allons bientôt perdre de vue la grande nappe bleue agitée par ces brises fraîches, bordée de ces géants de granit et nous lui tournons le dos désormais. Nous emportons du Tanganyika des cartes, des observations astronomiques, des poissons, des coquillages, des méduses, etc., et aussi le souvenir d'une réception sympathique dans les quatre ou cinq stations de la mission anti-esclavagiste des Pères blancs, et, tandis que nous grimpons au flanc des montagnes, nous voyons d'en bas notre petit boutre qui ouvre son aile blanche veuve désormais du pavillon français qu'elle portait depuis un mois, et qui prend la direction du Sud.

Le petit pavillon français, lui, grimpe la montagne au milieu d'une colonne noire qui serpente avec ses deux cents hommes, et tout disparaît bientôt de l'autre côté au chant cadencé et grave des Ouanyamouézis.

Le pays, dans lequel nous venons de nous engager en quittant le lac Tanganyika, s'appelle le Manyéma, je n'ai jamais pu savoir pourquoi, car, des peuplades qui l'occupent, aucune ne se nomme ainsi. On suppose que ce nom a été donné par les Arabes de la côte (Nyama : viande ; manyama : ceux qui mangent de la viande), car, depuis le Manyéma jusqu'à la côte occidentale, nous sommes désormais dans le pays des anthropophages et toutes les peuplades que je vais faire défiler sous vos yeux sont anthropophages ou l'étaient encore il y a quelques années à peine, et n'ont modifié leurs usages que depuis que les Européens ont pénétré chez eux ; mais ces conversions ne se rencontrent que dans le bas Congo, et encore dans la zône fréquentée ; mais, dans toutes les régions que nous allons visiter jusqu'aux chutes de Stanley, nous allons être chez les êtres humains qui poussent le plus loin au monde l'amour de leurs semblables, ce qui fait que si nous avions échoué dans notre entreprise. soit après un combat contre les révoltés, soit contre les indigènes, ceux-ci ou ceux-là nous eussent donné dans leur sein l'hospitalité la plus complète... Quand votre avenir est aussi bien assuré cela fait toujours plaisir.

Mais, je ne devais pas plus finir dans la marmite des Bango Bangos que dans celle des Likouangoulas, pas plus que je devais sombrer sur le lac des tempêtes ou périr sous les pieds d'un éléphant ; il était dit que je reverrais mon pays pour venir ce soir vous conter mes aventures.

Les résultats géographiques du voyage se sont enrichis dans le Manyéma de la reconnaissance du cours de la Louama ou Lougoumba et de quelques itinéraires nouveaux rayonnant dans le voisinage. Puis, coupant, au plus court, je me suis dirigé sur le confluent de la Louama et du Congo, où nous allons arriver dans un instant. A travers le Manyéma, nous avons encore eu un voyage très pénible en certains endroits. Comme l'Ouroua, c'est une région montagneuse, accidentée et difficile. Le voyage dure 41 jours sans interruption. Les Ouanyamouézis portent nos charges pendant 20 jours d'une façon admirable; forts, alertes, gais, arrivant toujours ensemble, pas de traînards, quels porteurs idéals que ces Ouanyamouézis ! Quand les porteurs marchent bien on a moitié moins de soucis, et ce voyage dans le Manyéma est celui qui m'a laissé le meilleur souvenir. Nous faisions dans la matinée de 25 à 35 kilomètres quotidiennement; l'après-midi je chassais aux environs. Le pays abonde en gibier; il y avait des jours où je tuais huit antilopes dans mon après-midi. Tout allait bien, l'homme-canon était aux anges car les Ouanyamouézis parlaient sa langue maternelle, le Souahili, comme d'ailleurs toutes les peuplades de la côte occidentale du lac Tanganyika; cette langue que parlaient Stanley, Cameron, Livingstone, Wissman.

L'accueil des indigènes, d'abord un peu craintif, n'était pas hostile; nous nous tenions d'ailleurs sur nos gardes, car on pouvait être trahi. Je traitais bien les chefs; nous apportions la richesse, car il nous fallait des vivres que nous achetions contre calicot, verroterie ou fil de cuivre, et en somme nous n'avons pas eu à nous plaindre.

Les peuplades les plus étranges du Manyéma sont les Baloubas, gens de l'Ourousa, au sud et au nord de la Loukouga, et les Bango Bangos, étranges comme coiffure, comme costume... Je vais vous les montrer en photographie dans un instant.

Je dois aussi citer les Pygmées ou Négrilles de la forêt de Stanley, qui sont les Bushmens de l'Afrique du sud et que j'ai rencontrés, à plusieurs reprises, pendant le voyage dans la grande forêt équatoriale qui a terminé le parcours du Tanganyika au Congo qui s'est effectué en 41 jours.

Il me reste à vous dire le plaisir que j'ai éprouvé lorsqu'arrivé à Piani-Kitété, au confluent de la Louama, un matin, j'entrevis une nappe d'eau dans le lointain perdue au milieu des herbes et des plaines herbeuses : c'était le Louapoula ou Congo.

Près du Congo, nous avons commencé à trouver quelques stations de l'État indépendant. Je dois dire ici, une fois pour toutes, l'accueil aimable qui m'a été fait partout par les Belges. Dans quelques endroits, les indigènes nous ont annoncés à l'avance, et les chefs des postes et les officiers supérieurs se sont portés avec la garnison en armes et la musique indigène au devant de l'expédition française, m'apportant amicalement leurs souhaits de bienvenue. Plus tard, M. le baron Dhanis m'a reçu également avec beaucoup d'amabilité et m'a même donné une escorte dans la circonstance dont je vais parler plus loin.

Au bord du Congo, à Nyangoué, se termine le voyage à pied. Là, les porteurs sont congédiés et les charges mises sur de grandes pirogues; nous avons des pagayeurs qu'on appelle, sur le fleuve, des baguénias ?

De Nyangoué jusqu'au Stanley-Pool, c'est-à-dire sur un parcours de 2 400 kilomètres, pour lequel nous allons mettre plusieurs mois, je ne vous parlerai plus du pays, car c'est le même paysage monotone que je vais essayer de vous décrire une fois pour toutes.

De Riba-Riba aux chutes de Stanley, et de là au Stanley-Pool, c'est la grande forêt équatoriale que traverse le Congo, et, de chaque côté du fleuve, on voit de grands arbres entrelacés de lianes, les pieds baignés par le fleuve, mêlés à une végétation épaisse et vert sombre où un palmier à huile, un raphia, ou un dattier sauvage, apparaissent de temps en temps; partout les mêmes dômes sombres de verdure, les mêmes arbres enlacés ou entremêlés avec cette variété infinie de la nature, les mêmes feuilles dentelées, en parasol, rondes ou élancées, grandes ou petites, partout et toujours ce rideau sombre qui a l'air d'encaisser le fleuve dans des parois de verdure et au milieu desquelles vont apparaître de rares villages. Peu ou pas d'îles sur le haut fleuve, beaucoup sur le Congo moyen et peu dans le bas Congo, tel est à peu près le coup d'œil que nous allons avoir sous les yeux du matin au soir : le ciel, le rideau de verdure et l'eau.

Et puis, ne devant vous parler ce soir que des nouveautés géographiques de mon voyage, je ne pourrai donc pas m'attarder sur l'État indépendant du Congo. Qu'il me suffise de vous dire que ce pays est en train de devenir, entre les mains des Belges, une des plus belles colonies africaines et que les plantations, les cultures, les écoles, l'administration et les transports sont en très bonne marche sur le moyen Congo. Le haut Congo est encore sauvage et pittoresque, mais, ne pouvant plus parler du pays plus en détail, je vais faire défiler sous vos yeux les principales peuplades que j'y ai rencontrées dans l'ordre où je les ai visitées.

Le Congo n'avait, à l'endroit où je l'ai rencontré, guère plus de 100 mètres de large; mais il va en s'agrandissant : il a 500 mètres à Riba-Riba, 700 aux chutes de Stanley et 7 ou 8 kilomètres dans le nord de la boucle... Je dis 7 ou 8 kilomètres au nord de la boucle. Il devient ensuite plus étroit vers l'Équateur où il n'a guère plus de 2 400 mètres et s'étrangle dans le canal qui conduit au Stanley-Pool et aux cataractes. Le Pool a un diamètre de 5 à 6 kilomètres. Le Congo garde, au-dessous des cataractes et jusqu'à son embouchure, une largeur d'à peu près 12 à 1 500 mètres.

C'est entre les chutes de Nyangoué et Riba-Riba que 5 000 révoltés battaient la rive, cherchant à passer le fleuve, appartenant en majorité à la tribu des Bakoussous, à l'ouest de Nyangoué; ils voulaient traverser le fleuve pour rentrer dans leurs pays, et il était de la politique des Belges de laisser la faim et la souffrance les décimer en les laissant dans ce pays misérable et en les empêchant de passer l'eau.

J'ai fait des observations astronomiques nombreuses pendant la descente du Congo, surtout dans le haut Congo où elles n'avaient jamais été faites; je dois aussi compter au nombre des découvertes géographiques un voyage dans le haut Itimbiri, un des affluents nord du Congo, où j'ai pu remplir sur la carte plusieurs endroits pointillés.

Je terminerai ce compte-rendu des principaux résultats de mon voyage en les résumant : découvertes géographiques avec cartes et 800 observations astronomiques. Le premier pavillon qui ait été planté dans ces régions est celui de la science française. Histoire naturelle : de nombreux spécimens remis au Muséum, mammifères, poissons, insectes, etc. Ethnographie : des collections pour le musée du Trocadéro, des crânes humains, de nombreuses notes linguistiques, recueil de vocabulaires, des idiomes de ces régions avec notes nombreuses. Des chasses considérables, 500 photographies dont j'ai fait passer ce soir sous vos yeux quelques exemplaires. Climatologie : trois ans d'observations soignées. J'ajouterai que j'ai accompli ce voyage sans subvention aucune et seulement avec l'aide de quelques amis.

La fin de ce grand voyage, Mesdames et Messieurs, la voici : le 2 novembre 1897, après la descente du Congo, nous reprenons au Stanley-Pool, pour la dernière fois, notre route à pied par le chemin des caravanes qui contourne les cataractes à Tampa ; après 7 jours de marche, nous avons profité des bienfaits de la civilisation naissante et fait 24 heures de chemin de fer à la grande joie de mes hommes du Zambèze qui n'avaient jamais vu une locomotive, et le 13 novembre 1897, trois ans et trois mois après avoir quitté l'Océan indien, à l'embouchure du Zambèze, après 39 mois de fatigues, de peines, de vicissitudes, après avoir franchi les rivières, ascendu les montagnes, traversé les lacs, côtoyé les abîmes et coupé une partie de la grande forêt équatoriale, après avoir été 10 mois sans nouvelles, au cœur de l'Afrique, le 13 novembre 1897 j'ai eu le bonheur de voir à quatre heures de l'après-midi l'océan Atlantique, achevant ainsi de part en part la traversée du continent africain.

J'offre cette modeste pierre au monument de la Science de notre pays !

Remerciements du Président :

Monsieur,

Il y a dans votre énergique tentative, que le succès a couronnée, quelque chose qui nous a profondément émus.

Certes, vous avez accompli de belles prouesses cynégétiques, et sous les huttes de palmier, dans ces terres tropicales, on parlera longtemps de cette adresse extraordinaire, du sang-froid et de la précision de tir de l'homme blanc, du Français.

Mais ici nous avons surtout envisagé ce moment solennel, où malgré les représentations, les conseils de prudence de l'agent de la Belgique, au nord du Tanganyika, vous avez arboré notre pavillon, emblème de la patrie absente, marchant avec vous, dans un effort désespéré, vers l'inconnu.

Comme un vaillant soldat nous vous félicitons de l'avoir toujours fait flotter fièrement au vent, et de n'avoir pas songé un instant à l'amener malgré les plus pénibles épreuves.

Et le courageux pionner était chez vous doublé du savant qui pensait, au milieu de ces forêts infinies, en traversant ces fleuves et ces lacs majestueux, à la collection qu'il rapporterait à notre muséum, à des observations de météorologie précieuses pour nos astronomes, enfin à la mise au point de la carte des affluents du Congo.

Aussi, M. Milne Edwards était-il l'interprète du sentiment public en vous décernant, il y a quelques jours, la grande médaille d'or de la Société de Géographie de Paris, à laquelle nous sommes heureux de joindre la nôtre, comme hommage et comme récompense pour vos travaux scientifiques.

Après toutes les choses aimables qu'il vous a dites je ne puis qu'ajouter, au nom de tous nos collègues, nos vifs remercîments pour l'exception que vous avez faite en faveur de Rouen, pour les magnifiques projections qui nous ont transportés au centre de l'Afrique inconnue, et, en terminant, je vous exprime toute notre admiration pour ce record gigantesque qui vous a valu d'être le continuateur des Livingstone, des Stanley, des Trivier, des Gœtzen et des Matadi, pour la plus grande gloire de la science qui est universelle, et de notre chère patrie.